AF339572

PLAN

D'UNE NOUVELLE FORMATION

DES ÉTATS DU DAUPHINÉ,

Qu'ont l'honneur de présenter à Sa Majesté les trois Ordres de la même Province, pour être approuvé.

1788.

PLAN

D'UNE NOUVELLE FORMATION
DES ÉTATS DU DAUPHINÉ,

Qu'ont l'honneur de présenter à Sa Majesté les trois Ordres de la même Province, pour être approuvé.

ARTICLE PREMIER.

LES Etats du Dauphiné seront formés par 144 Représentans ou Députés des trois Ordres de la Province, savoir:

> 24 Membres du Clergé.
> 48 de la Noblesse.
> 72 du Tiers-Etat.

Total...... 144

ART. II.

Nul ne pourra être admis aux Etats, ni voter pour la nomination des Représentans, qu'il ne soit âgé de vingt-cinq ans accomplis, & domicilié dans le Royaume, ou dans le Comtat d'Avignon & Vénessain.

ART. III.

Aucun Membre des Etats ne pourra s'y faire représenter par Procureur.

ART IV.

La représentation du Clergé sera formée par

A

trois Archevêques ou Evêques , trois Commandeurs de Malthe , sept Députés des Eglises Cathédrales ,

Dont 1 de celle de Vienne.
1 de celle de d'Embrun.
1 de celle de Grenoble.
1 de celle de Valence.
1 de celle de Gap.
1 de celle de Die.
1 de celle de Saint-Paul-trois-Châteaux.

Cinq Députés des Eglises Collégiales ,
Dont 1 de celle de S. Pierre & St-Chef de Vienne.
1 de S. André de Grenoble.
1 de S. Bernard de S. Romans.
1 de celle de Crest.
1 de celle Montelimar.

Deux Curés propriétaires.

Deux Députés des Abbés, Prieurs-Commendataires, Prieurs simples, Chapelains & autres Bénéficiers.

Un Député des Ordres & Communautés réguliers d'hommes, y compris celle des Religieux hospitaliers de St. Jean de Dieu.

A l'exception néanmoins des Religieux mendians.

Un Député des Abbayes & Communautés régulières de filles.

A l'exception des Communautés mendiantes.

Ce Député sera pris parmi le Clergé séculier ou régulier de chacune desdites Communautés.

(3)
A r t. V.

L'élection de ces Députés fera faite de la manière fuivante.

Les Archevêques ou Evêques éliront entr'eux.

Les Commandeurs de Malthe feront nommés par leur Chapitre.

Ceux des Eglifes Cathédrales & Collégiales le feront également par leurs Chapitres. Les Curés feront choifis alternativement dans chaque Diocèfe, fuivant l'ordre ci-après ; favoir :

Vienne & Embrun.

Grenoble & Valence.

Die & Gap, St-Paul-trois-Châteaux & Vienne.

Et ainfi fucceffivement l'élection defdits Curés fe fera dans une affemblée formée d'un Députe de chaque Archiprêtré, & tenue devant les Evêques des Diocèfes qui feront en tour pour députer.

A r t. V I.

Les Curés de la Province, dont les bénéfices dépendent des Diocèfes étrangers, fe réuniront, favoir :

Ceux du Diocèfe de Lyon, au Diocèfe de Vienne.

Ceux du Diocèfe de Belley, à celui de Grenoble.

Ceux des Diocèfes de Sifteron & de Vaifon, à celui de St. Paul-trois-Châteaux, & ils y enverront les Députés de leurs Archiprêtrés pour concourir aux élections.

A r t. V I I

Les deux Députés des Abbés, Prieurs commendataires, Prieurs fimples, Chapelains &

autres Bénéficiers, feront auffi choifis alternativement dans chaque Diocèfe, fuivant l'ordre prefcrit par l'Art. V, & leur élection fe fera dans une Affemblée convoquée devant les Evêques des Diocèfes qui feront en tour de députer, à laquelle feront appelés les Abbés, Prieurs & autres Bénéficiers fimples dont les Bénéfices fitués dans la Province feront dépendans des Diocèfes étrangers, en fuivant l'ordre expliqué par l'Art. VI.

Art. VIII.

Les Députés des Ordres & Communautés réguliers d'hommes fera pris alternativement dans chaque Diocèfe, en commençant par celui de Vienne & en obfervant que les Communautés régulières des Diocèfes d'Embrun & de Gap fe réuniront à celui de Grenoble pour ne former entr'elles qu'un feul Député.

Que celles des Diocèfes de Die & St. Paul-trois-Châteaux, fe réuniront de même à celui de Valence; leur élection fera faite dans une Affemblée compofée d'un Député de chacune des Communautés régulières, à laquelle feront appelés, dans l'ordre expliqué ci-deffus, un Député des Communautés régulières des Diocèfes étrangers, & qui fera tenue pardevant l'Evêque du Diocèfe de la Province, en tour de députer.

Art. IX.

Le Repréfentant des Communautés des filles fera élu alternativement dans chaque Diocèfe, fuivant l'ordre expliqué par l'Art. V, dans une Affemblée formée par les Députés du Clergé féculier ou régulier de chacune defdites Communautés, laquelle fera tenue devant l'Evêque du Diocèfe en tour de députer.

Art. X.

Les Etats s'occuperont au plutôt poffible de divifer la Province en arrondiffemens, en diftriéts, & d'y répartir les Députés, fuivant les proportions qu'ils jugeront convenables; mais pour la première convocation feulement, on fuivra la divifion des refforts des fix Eleétions dans lefquelles les Députés feront répartis dans la manière ci-après indiquée, d'après les rapports combinés du nombre des feux (1), de celui des Habitans, & de la fomme de leurs impofitions.

Art. XI.

La Nobleffe, pour l'éleétion de fes Membres, s'affemblera par diftriéts devant un Syndic qu'elle nommera dans chacun de ces diftriéts; elle répartira fes Députés, fuivant les arrondiffemens qui feront formés par les Etats, & fuivant la proportion qui fera par eux indiquée, en exécution de l'article ci-deffus. En attendant cette formation, les Membres de cet Ordre s'affembleront dans le chef-lieu des élec-

---

(1) On entend par feux dans la Province de Dauphiné une eftimation d'une certaine quantité de terrain faite il y a environ un fiècle, & déterminée à 2400 livres de rentes. Tout fon territoire dans les Campagnes, & les maifons dans les Villes ont été divifées & évaluées de cette manière; c'eft d'après le tableau de répartition des feux entre les diverfes Communautés qu'on applique à chacune d'elles la portion d'impofition qu'elle doit fupporter fur la maffe totale, fuivant fes formes particulières.

tions, & nommeront par la voie du scrutin :
11 Députés pour le ressort de l'élection de Grenoble.
12 pour celle de Vienne.
7 pour celle de Romans.
5 pour celle de Valence.
6 pour celle de Gap.
7 pour celle de Montelimar.
Total 48

Le procès-verbal de leur nomination sera envoyé au Secrétaire des Etats, & on y insérera le nom des quatre personnes qui auront réuni le plus de voix après les Députés, dans l'ordre indiqué, par la pluralité des suffrages.

Art. XII.

Pour pouvoir être électeurs dans l'ordre de la Noblesse, il suffira d'avoir la Noblesse acquise & transmissible, & de posséder une propriété dans le district.

Art. XIII.

Pour être éligible dans le même ordre, il faudra faire preuve de quatre générations & de cent ans de Noblesse, avoir la libre administration d'immeubles féodaux ou ruraux, situés dans l'arrondissement, & soumis à cinquante livres d'impositions royales, foncières, sans qu'il soit nécessaire d'y être domicilié.

Art. XIV.

Aucun Noble ne pourra être électeur, ni éligible en deux districts à la fois : le Syndic de la Noblesse de chaque district tiendra un rôle dans lequel se feront inscrire les Membres de cet ordre qui pourront être électeurs ou éligibles, & cette inscription déterminera irrévocablement pour quatre ans le district dans lequel ils pourront élire ou être élus, sans qu'il soit permis pendant cet intervalle de se faire inscrire dans un autre, à moins qu'on ait cessé d'être propriétaire dans le premier.

Art. XV.

Les maris dont les femmes auront des biens soumis à cinquante livres d'Impositions royales foncières, pourront être électeurs & éligibles, & il en sera de même des veuves propriétaires, qui pourront se faire représenter par un de leurs enfans majeurs, en vertu d'une procuration, au moyen de laquelle ils seront électeurs & éligibles. Les dispositions de cet Article auront également lieu pour le Tiers-Etat.

Art. XVI.

Les Ecclésiastiques & les Nobles ne pourront être admis parmi les Représentans du Tiers-Etat, ni assister aux Assemblées qui seront tenues pour nommer les Députés de cet Etat.

Art. XVII.

Lors de la première nomination des Représentans du Tiers-Etat, les districts de l'élection de Grenoble fourniront,

17 Députés.
18 celui de Vienne.
10 celui de Romans.
7 celui de Valence.
9 celui de Gap.
& 11 celui de Montelimar.

En total 72

Dans lequel nombre feront compris les Députés des Villes ci-après nommées; favoir:

3 pour la ville de Grenoble.
2 pour Vienne.
2 pour Valence.
2 pour Romans.
1 pour Gap.
1 pour Embrun.
1 pour Briançon.
1 pour Montelimar.
1 pour St. Marcellies.
1 pour Die.
1 pour Creft.
1 pour Ruq.

Total 17

Sauf aux Etats à régler définitivement quelles Villes doivent avoir des Députés particuliers, leur nombre, & la répartition des Députés des autres Villes, Bourgs & Communautés pour chaque diftrict.

Art. XVIII.

Nul ne pourra être Repréfentant de l'ordre du Tiers dans les Etats, qu'il n'ait la libre adminiftration de propriété fituée dans l'arrondiffement où il devra être élu, & foumis à 50 livres d'impofitions royales foncières, à l'exception du Briançonnois & dé la Vallée de Queyras, où il fuffira de payer 25 livres d'impofitions royales foncières, fans préjudice néanmoins des difpofitions portées par l'Article XV.

Art. XIX.

Ne pourront être élus ceux qui exercent quelque emploi ou commiffion médiate ou
immédiate

immédiate de subdélégation des Commissai-
res départis, ainsi que leurs Commis ou Se-
crétaires:

Ceux qui exercent quelque charge, emploi
ou commission médiate ou immédiate dans
toutes les parties des Finances de Sa Majesté :

Ceux qui sont chargés directement ou in-
directement d'aucune adjudication ou entre-
prise d'ouvrages publics, de même que leurs
cautions. Ne seront non plus éligibles les Fer-
miers, pendant la durée de leur ferme ; les
Agens, Collecteurs de rentes, dixmes, droits
& devoirs seigneuriaux, directement ou indi-
rectement, ainsi que leurs cautions.

ART. XX.

Dans l'ordre du Tiers-État nul ne pourra
être électeur ou éligible en deux lieux à la
fois. Il sera fait tous les deux ans par les
Officiers municipaux de chaque lieu un rôle
des électeurs & des éligibles. Lorsqu'on y
aura été inscrit, on ne participera point aux
élections qui se feront dans d'autres Communautés.

On ne pourra être inscrit dans le rôle d'une
autre Communauté qu'après le terme de quatre
ans au moins, que pendant cet intervalle on
n'ait cessé d'être propriétaire dans le premier.

ART. XXI

Les Villes qui auront des Députés particuliers, les enverront directement aux États:
elles les nommeront par la voie du scrutin
dans leurs Assemblées municipales, auxquelles
seront appelés un Syndic de chaque Corps
du Tiers-État, & les Propriétaires domiciliés

du même ordre , payant , favoir , dans la ville de Grenoble , 40 livres d'impofition royales foncières , 20 livres dans celles de Vienne, Valence & Romans, & 10 liv. dans les autres.

Art. XXII.

Dans les autres lieux , même dans ceux qui font régis par l'Edit municipal, les Communautés tiendront chacune des Affemblées particulières, aux formes ordinaires : pourront néanmoins celles qui n'ont point de municipalité , tenir leurs Affemblées devant les Confuls, en l'abfence des Châtelains.

Ces Affemblées feront indiquées par affiches, huitaine à l'avance.

Dans les Affemblées des Communautés qui ont des Corps municipaux , on convoquera les Propriétaires payant 10 livres d'impofitions royales foncières , & dans les autres, tous les Propriétaires payant 6 livres.

On convoquera également dans toutes les Communautés les Propriétaires forains qui, payant les mêmes charges , auront été infcrits dans le rôle des électeurs.

Art. XXIII.

Dans lefdites Affemblées, les Communautés qui n'auront que cinq feux & au-deffous, nommeront chacune un Député, lequel fe rendra au lieu deftiné pour l'Affemblée de l'arrondiffement : celles qui auront un plus grand nombre de feux nommeront un Député pour cinq feux, fans égard au nombre intermédiare , fauf aux Etats à régler le nombre des Députés des Communautés, fuivant une proportion plus juste , s'ils peuvent y parvenir.

Les Députés ne pourront être élus que parmi les Propriétaires domiciliés ou forains qui auront été inscrits dans les rôles des éligibles, & qui auront les qualités prescrites pour être admis aux Etats , sans qu'il soit nécessaire d'être présent à l'Assemblée pour être élu.

Art. XXIV.

Des Etats indiqueront toujours les chefs-lieux d'arrondissement ailleurs que dans les Villes qui ont des Députés particuliers, &, pour la première convocation , les Députés de l'élection de Grenoble se réuniront à Vizil.

Ceux de Vienne. . . . à Bourgoin.
Ceux de Romans. . . . à Brauzepou.
Ceux de Valence. . . . à Chabreuil.
Ceux de Gap. . . . . à Chargé.
Ceux de Montelimar. . . à Dieu-le-fit.

Art. XXV.

Des Députés des Communautés, rassemblés dans le chef-lieu du district ou de l'arrondissement, éliront entre eux, par la voie du scrutin , un Président & un Secrétaire, & ils nommeront aussi parmi eux, de la même manière, ceux qui devront représenter le district aux Etats.

Le procès-verbal de cette nomination sera envoyé au Secrétaire des Etats, & on y insérera le nom des six personnes qui auront réuni le plus de voix après les Députés élus dans l'ordre indiqué par la pluralité des suffrages.

Art. XXVI.

Les Etats se rassembleront chaque année le 15 Novembre.

La convocation sera faite par le Président, &, à son défaut, par l'un des Procureurs-généraux Syndics.

Art. XXVII.

Les Députés des différens ordres, sans aucune distinction, recevront six livres par jour, sans que ce paiement puisse continuer pendant plus de trente jours, y compris le temps nécessaire pour leur voyage, quand même la tenue des Etats seroit prorogée au-delà de ce terme.

Art. XXVIII.

Les Etats choisiront leur Président parmi les Membres du premier ou du second ordre de la Province, ayant les qualités requises pour être admis aux Etats.

Dans le cours de la quatrième année, le Président sera élu au scrutin pour entrer en fonction l'année suivante, & celle des deux premiers ordres dans lequel le Président aura été nommé, aura un Député de moins, le Président devant être compté parmi les Membres des Etats.

Art. XXIX.

Les Etats nommeront deux Procureurs-généraux Syndics, l'un pris dans le premier ou second ordre, & l'autre dans celui du tiers.

Ils choisiront aussi dans le dernier ordre un

Secrétaire, qui ne fera point partie des cent quarante-quatre Députés, fera révocable à volonté, & n'aura que voix inftructive.

Ils choifiront encore un Tréforier qui fera domicilié dans la Province ainfi que fes cautions, il ne fera point Membre des Etats & ne pourra y entrer que lorfqu'il fera appelé ; il fera également révocable à volonté.

ART. XXX.

Les Etats éliront parmi leurs Membres deux perfonnes du Clergé,

Quatre de la Nobleffe & fix du Tiers-Etat, y compris les deux Procureurs - généraux Syndics.

Ces douze perfonnes, avec le Secrétaire, formeront la Commiffion intermédiaire.

Les Membres de cette Commiffion feront choifis de manière qu'il s'y trouve des Députés de chaque diftrict.

ART. XXXI.

Toutes les nominations feront faites par la voie du fcrutin, & il fera repris jufques à ce que l'une des perfonnes défignées ait réuni plus de la moitié des fuffrages.

ART. XXXII.

Pour feconder les travaux de la Commiffion intermédiaire, les Etats pourront établir dans les arrondiffemens, de la manière qu'ils jugeront convenable, des Correfpondans qui feront choifis parmi les perfonnes députées aux Etats.

Art. XXXIII.

La Commission élira son Président par la voie du scrutin, dans l'un des deux premiers ordres.

Art. XXXIV.

En l'absence du Président, soit des Etats, soit de la Commission intermédiaire, l'Assemblée sera présidée par la personne la plus âgée des élus des deux premiers ordres, dans lequel n'aura pas été choisi le Président, en observant néanmoins, dans l'ordre du Clergé, le rang de la Hiérarchie ecclésiastique.

Art. XXXV.

Les Etats s'assembleront pour la première fois à Romans, & indiqueront chaque année, à la clôture de leurs séances, le lieu où ils devront s'assembler l'année suivante.

Art. XXXVI.

La Commission intermédiare tiendra ses séances à Grenoble, sauf aux Etats à la placer dans un autre lieu, lorsque les circonstances l'exigeront ; les Membres de cette Commission ne pourront s'absenter, à moins d'une nécessité indispensable, que pendant trois mois de l'année, de manière cependant qu'ils restent toujours au nombre de huit dans le lieu de son établissement, & les Procureurs-généraux Syndics ne pourront s'absenter tous les deux à la fois.

Art. XXXVII.

La Commission intermédiaire s'assemblera au moins une fois par semaine; mais le Président, ainsi que les Procureurs - généraux Syndics, & les uns au défaut des autres, pourront la faire assembler toutes les fois qu'ils le jugeront nécessaire.

Art. XXXVIII.

Les Membres de la Commission intermédiaire ne pourront prendre aucune délibération qu'ils ne soient au nombre de sept.

Art. XXXIX.

Les Membres des Etats resteront en place pour la première fois pendant quatre ans, sans aucun changement; après ce terme, il sera élu un nouveau Président, & la moitié des Députés dans chaque ordre & dans chaque district sortira par la voie du sort.

Deux ans après, l'autre moitié se retirera, & ensuite tous les deux ans la moitié sortira par l'ancienneté, de maniere qu'à l'avenir nul ne restera dans les Etats plus de quatre ans, à l'exception des Procureurs - généraux Syndics, qui pourront être continués par une nouvelle élection, pour quatre années seulement, & ne pourront néanmoins être changés tous les deux en même temps; à cet effet, pour la première fois, l'un des deux Procureurs - généraux Syndics, se retirera par le sort à l'expiration des quatre premières années, & l'autre après six.

Art. XL.

Au premier changement de la moitié des Membres des États, ou fera fortir, par la voie du fort, un Archevêque ou Evêque, deux Commandeurs de Malthe, trois Députés des Eglifes Cathédrales, trois Députés des Eglifes Collégiales, un Curé, un Député des Abbés, Prieurs & autres Bénéficiers fimples, & un Syndic des Communautés Régulières.

Au fecond changement, fortiront deux Archevêques ou Evêques, un Commandeur de Malthe, quatre Députés des Eglifes Cathédrales, deux Députés des Eglifes Collégiales, un Curé, un Député des Abbés, Prieurs & Bénéficiers fimples, un Syndic des Communautés Régulières.

Art. XLI.

Nul ne pourra être élu de nouveau Membre des Etats, qu'après un intervalle de quatre ans, depuis qu'il en fera forti.

Art. XLII.

On fera connoître à temps ceux des Membres des Etats, qui par le fort auront été obligés de fe retirer, afin que les divers Corps du Clergé, de la Nobleffe & du Tiers-Etat, dans chaque diftrict, puiffent le remplacer, & il en fera ufé de même pour la Commiffion intermédiaire, qui fera renouvelée par les Etats, aux mêmes époques.

Art. XLIII.

Lorfqu'il vaquera des places dans les Etats,

avant

avant les époques où les Membres doivent
être renouvelés par moitié, les différens Corps
du Clergé procéderont à de nouvelles élections, suivant les formes prescrites; & quant
aux Députés de la Noblesse & du Tiers-État,
ils seront alors remplacés dans les divers districts par ceux qui, suivant le résultat des scru-
tins, auront dans la nomination précédente
réuni le plus de suffrages après les personnes
élues.

Ceux qui seront admis à remplir les places
ainsi vacantes, ne pourront rester dans les États
que jusqu'au terme où auroient dû en sortir
les Députés auxquels ils ont succédé, à moins
qu'ils ne soient élus de nouveau dans les Assemblées de district.

A r t. X L I V.

Lorsque les places vaqueront de la même
manière dans la Commission intermédiaire,
elle pourra y nommer des Membres des États
pris dans le même ordre & dans le même district; & dans le cas où l'une des places des
deux Procureurs-généraux Syndics viendroit également à vaquer, elle pourra en confier les fonc-
tions à l'un de ses Membres, & les différentes
nominations n'auront lieu que jusques à la convocation des États.

A r t. X L V.

Les États veilleront au maintien des droits
& des privilèges du Dauphiné, & notamment
de celui qui ne permet pas que les Dauphinois
soient distraits du ressort des Tribunaux de la
Province.

Ils feront la répartition & affiettes de toutes les impofitions foncières & perfonnelles, tant de celles qui feront deftinées pour le Tréfor royal, que de celles qui feront relatives aux befoins de la Province.

Ils ordonneront la confection de tous les chemins, ponts, chauffées, canaux, digues, & autres ouvrages publics, dont ils pafferont les adjudications par eux ou par la Commiffion intermédiaire, ou par d'autres délégués.

Art. XLVI.

Les Etats ordonneront encore la diftribution des degrévemens, les récompenfes, indemnités, encouragemens pour l'Agriculture, le Commerce & les Arts.

Ils furveilleront & approuveront par eux, ou par la Commiffion intermédiaire, toutes les dépenfes relatives aux réparations des Eglifes, Presbytères, & autres dépenfes quelconques particulières aux Communautés.

Ils furveilleront également l'adminiftration de tous les établiffemens publics, les frais & les tirages des Milices. Ils vérifieront les comptes des Officiers des Villes & Communautés, même de ceux relatifs à leurs biens patrimoniaux.

Ils feront à Sa Majefté les repréfentations qu'ils croiront néceffaires, & généralement feront chargés de tous les objets qui peuvent concourir au bien de la Province.

Art. XLVII.

Les Etats ne pourront accorder aucun fubfide, ni établir aucune taxe directe ni indirecte, ni confentir à aucune prérogative d'un impôt établi à temps, ni faire aucun emprunt pour le compte du Gouvernement, que lorfque les Repréfentans de la Province en auront délibéré dans les Etats Généraux du Royaume.

ART. XLVIII.

Les Etats pourront néanmoins impofer & emprunter, après en avoir obtenu la permiffion de Sa Majefté, mais feulement pour les befoins particuliers & effentiels de la Province, & fous la condition qu'ils ne feront aucun emprunt qu'en deftinant préalablement les fonds néceffaires pour le paiement des intérêts & le rembourfement des capitaux à des époques fixes & déterminées.

ART. XLIX.

Toute loi nouvelle, avant fon enrégiftrement dans les Cours, fera communiquée aux Procureurs-généraux Syndics, afin qu'il en foit délibéré conformément aux privilèges de la Province.

ART. L.

Pour choifir les perfonnes qui feront députées par la Province aux Etats Généraux du Royaume, le Clergé, la Nobleffe & les Communes s'affembleront pour nommer, dans les formes, & avec les qualités ci-devant prefcrites, un nombre de Repréfentans égal à celui des Membres des Etats, & ces nouveaux Repréfentans fe réuniront avec les Etats pour élire, par la voie du fcrutin, ceux qui feront envoyés aux Etats Généraux, lefquels pourront être choifis au gré des électeurs, foit parmi les Membres des Etats, foit parmi les autres Citoyens, pourvu que les uns & les autres foient propriétaires & domiciliés dans la Province, fans distinction de lieu & de district, & on députera un nombre de Repréfentans du Tiers-Etats, égal au nombre de ceux du premier & du fecond ordre réunis.

Art. LI.

Tous les ans, avant leur clôture, les Etats remettront à la Commiffion intermédiaire une inftruction fur les objets dont elle devra s'occuper, & de l'exécution defquels elle rendra compte lors de leur prochaine convocation.

Art. LII.

La Commiffion intermédiaire ne pourra prendre de délibérations que pour exécuter celles de la dernière Affemblée des Etats, à l'exception des objets qu'il feroit impoffible de différer jufques à la première Affemblée des Etats, & fous la réferve expreffe de leur approbation.

Art. LIII.

Dans les Etats & la Commiffion intermédiaire, il ne pourra être pris de délibération que par les trois ordres réunis.

Pourra néanmoins l'un des ordres faire renvoyer jufques au jour fuivant une délibération propofée.

Art. LIV.

La Commiffion intermédiaire chargera fpécialement deux de fes Membres de l'examen

de tous les Mémoires qui pourront être adref-
fés aux Procureurs-généraux Syndics, rela-
tivement aux demandes des Contrôleurs &
autres agens du Fifc, contre des Particuliers
ou Communautés, fur le compte qui en fera
rendu, les Procureurs-généraux Syndics pren-
dront fait & caufe lorfque les Etats ou la
Commiffion intermédiaire l'auront jugé convenable.

Art. L V.

Les Procureurs - généraux Syndics pourront préfenter des Requêtes, former des demandes devant tout Juge compétant, & inter-
venir dans toutes les affaires qui pourroient
intéreffer la Province, après y avoir été autorifés par les Etats ou par la Commiffion
intermédiaire.

Art. LVI.

Les Etats nommeront chaque année une
Commiffion particulière, pour revoir les comptes que le Tréforier aura rendus à la Commiffion intermédiaire, & pour examiner ceux
qui ne l'auront pas été, &, d'après le rap-
port des Commiffaires, ils arrêteront tous les
comptes de l'année.

Art. LVII.

Le Tréforier ne pourra difpofer d'aucune
fomme fans un mandat exprès des Etats ou de
ceux qui feront autorifés par eux.

Art. LVIII.

Le tableau de fituation des fonds du Pays,

par recette & par dépense, l'état motivé & nominatif de la répartition, des degrévemens, indemnités, encouragemens, gratifications, seront insérés dans les procès-verbaux des Assemblées, & rendus publics chaque année par la voie de l'impression, ainsi que de toutes les délibérations qui auront été prises, soit par les Etats, soit par la Commission intermédiaire, & un exemplaire sera envoyé à chaque Communauté, pour être déposé dans ses archives.

Art. LIX.

Les Etats fixeront le traitement du Président, des autres Officiers, des Membres de la Commission intermédiaire & des Correspondans, ils régleront les frais de Bureau & autres dépenses nécessaires; tous les frais seront supportés par les trois ordres.

Art. LX.

Les Etats auront le droit de faire tous les Réglemens qu'ils jugeront nécessaires, pourvu qu'ils n'aient rien de contraire aux Articles ci-dessus; mais ils ne pourront faire aucun changement à leur constitution, à l'exception de celui qui leur est réservé par les Articles X, XVII, XXIII, & XXIV.

FIN.